壶关
HUGUAN
老照片
LAO ZHAOPIAN

政协壶关县委员会 编

中国文史出版社

图书在版编目（CIP）数据

壶关老照片 / 政协壶关县委员会编． —— 北京 ：中
国文史出版社，2017.2
ISBN 978-7-5034-9004-0

Ⅰ．①壶… Ⅱ．①政… Ⅲ．①壶关县－概况－图集
Ⅳ．①K922.54-64

中国版本图书馆CIP数据核字(2017)第028815号

责任编辑：薛媛媛　　　　　设计制作：🔲 金華印務
　　　　　　　　　　　　　　　　　　　　13333201255

出版发行：**中国文史出版社**
网　　址：www.wenshipress.com
地　　址：北京市西城区太平桥大街4号　　　　邮编：100811
电　　话：010-66173572　66168268　66192736（发行部）
传　　真：010-66192703
印　　装：河南蓉泰印刷有限公司
经　　销：全国新华书店
开　　本：889×1194mm　1/12
印　　张：24　　　　　　　　　　　　　　　字数：50千字
印　　数：0001～2000 册
版　　次：2017年2月第1版
印　　次：2017年2月第1次印刷
定　　价：198.00元

　　一张泛黄的老照片，一个瞬间的真实历史。当物换星移，沧海桑田，历史更迭，时间之潮卷蚀了过往的一切，老照片可以将定格的那一点历史的真实传寄给今天的我们。采撷在活生生历史躯体之上的老照片，画面或许只有方寸大小，但可能比洋洋万字更能震撼人的精神，切入人的心灵，重塑我们对历史的敬畏——原来，我们的家园曾是这样美好，我们的先辈曾是这样生存。

　　为更真切地呈现壶关县二十世纪八十年代末以前经济社会的迁衍流变、事件人物的境遇因由、山川风物的兴衰更替，永志过往，珍惜当下，我们编辑出版了文史资料《壶关老照片》。它不仅仅是为了重温壶关远去的历史，更是期望透过她从前的身影从中得到启迪，激励全县人民共同努力，创造未来的美好生活，为实现我县脱贫攻坚、全面建成小康壶关目标汇集正能量，作出新贡献。

　　老照片像一叶扁舟，让我们慢慢地在历史长河中游荡，在寻寻觅觅中，了解那些曾经的时光，那些固有的风物，那些远逝的背影，帮助我们认识和解读未知的过去。尽管一些老照片的画面发黄、残破，划痕累累，水迹斑斑，但它依然可以穿越时空，拍打撞击我们的心灵，帮助后人形成对历史深刻、持久的触动和记忆。

　　《壶关老照片》这本书收录了八十年代前的老照片近600幅（少数延至九十年代初），记录了众多真实的历史瞬间。这些历史瞬间有被人们失落的，有被人们忘却的，也有人们在不断回忆和怀念的。这些老照片既震撼着我们的眼睛，也感动着我们的心灵，因为"老照片"讲述的不仅是人物自己的故事，更是那个时代的秀场，而且有情、有梦、有回忆……

　　历史是一幕幕春秋画面的沉淀，寻找尘封已久的画面，链接起昨天的无数个点，通过老照片的征集尽力去还原昨天曾经有过的"雪泥鸿爪"，我们欣喜的发现，许多已经有些淡忘的陈年往事，每每透过照片中的一个个细节，活灵活现，纷至沓来：六七十年代社会主义建设高潮中的农田改造，七八十年代全民参战的荒山造林，为改变"干壶"的不懈奋斗，出省通道荫林公路，出口企业清流瓷厂，有人才"摇篮"之称的学校教育，被誉为"太行山上小黄梅"的壶关秧歌剧；还有抗战时期的壶关县委书记戴苏理、民主县长侯国英，壶关解放后第一任组织部长侯中南，建国初期壶关县委书记范贵锁，七十年代莅壶讲学的数学家华罗庚，八十年代初为壶关敲定引水之策的山西省长罗贵波；还有已经消失的壶林书院、灯光球场……

　　这些事件、人物、场景都一一呈现在老照片里，唤醒了人们久远的记忆，传达着岁月的沧桑。这近600个历史瞬间的影像弥足珍贵。因为这是我们的

前言

过去，是壶关人经历过的、体验过的、煎熬过的、幸福过的生活，这些都需要铭刻于历史，珍藏于心田。

壶关老照片的征集，虽说不上大海捞针，却也十分不易，个中的甘苦只有我们自知。从2013年始，我们就着手征集壶关县各方面有历史价值的老照片，其间，下发过正式文件，也曾在《壶关报》和壶关摄影家协会微信群"广而告之"，还经历了高望阁大型历史文化布展搜集老照片的全过程。我们凭着一股韧劲，凭着手头仅有的一点点线索，先后面访和电询了多位摄影爱好者和老干部老领导老同志。每每新见一幅反映壶关历史的老照片，带给我们的总是惊喜和忍不住的激动。

在征集老照片的过程中，我们得到了在壶关工作过的老领导、老同志，各单位以及社会各界人士的热情关注、大力支持和协助。一些老领导、老同志对我们的拜访都热情接待，他们纷纷拿出家中珍藏了几十年的老照片；县直有关单位选派专人负责老照片的收集工作，给予我们很大帮助；许多热心的同志（包括一些在外工作的壶关籍人士）在看到新闻媒体上发布的征集启事后，直接把照片送（寄）到了我们手里。正因为有社会各方的支持和协助，我们才能通过不同的方式、渠道，征集了反映壶关历史的老照片1000余幅，并从中遴选出近600幅成书。在此，对所有为征集老照片做出贡献和努力的有识之士，表示衷心的感谢！

一书在手尽览风云变幻，开卷有益品鉴历史沧桑。这次《壶关老照片》的出版发行，对我们来说，是一次新的尝试。需要说明几点：一是这次以二十世纪八十年代末为下限，作为首次整理的内容，但极为遗憾的是，受限于本书主题、篇章的设置，我们最终只选用了其中的近600幅照片。对其余照片，作为重要资料收藏，以为将来编辑出版文史资料所用；二是相信通过这部书的出版，一定会启示更多的壶关人去发现、收藏更多的有价值的老照片；三是囿于时间、条件等的限制，尽管我们尽了最大的努力，但搜集依然有限，离我们心中的期望值还有差距，我们祈望社会各界、专家学者、图片收藏家不吝赐教，以便我们将来再版时修订完善。

王明德

2016年12月

目录 CATALOG

县城变迁

XIANCHENGBIANQIAN

1970年代壶关县城（壶关政协文史委收集）

1990年代初壶关县城（选自《壶关县志》）

农　业
NONGYE

壶关老照片

1970年代，壶关县革委会常委成员到田间视察（牧雨轩供）

1970年代，壶关县县委常委参加生产队麦收劳动（牧雨轩供）

1972年，壶关群众在县城北关劳动场面（韩孝忠供）

1979年秋，长治市林业工作会议与会人员在壶关北大安村果园参观（程喜堂供）

1980年代，壶关县部分领导参观晋庄谷子（壶关三晋文化研究会供）

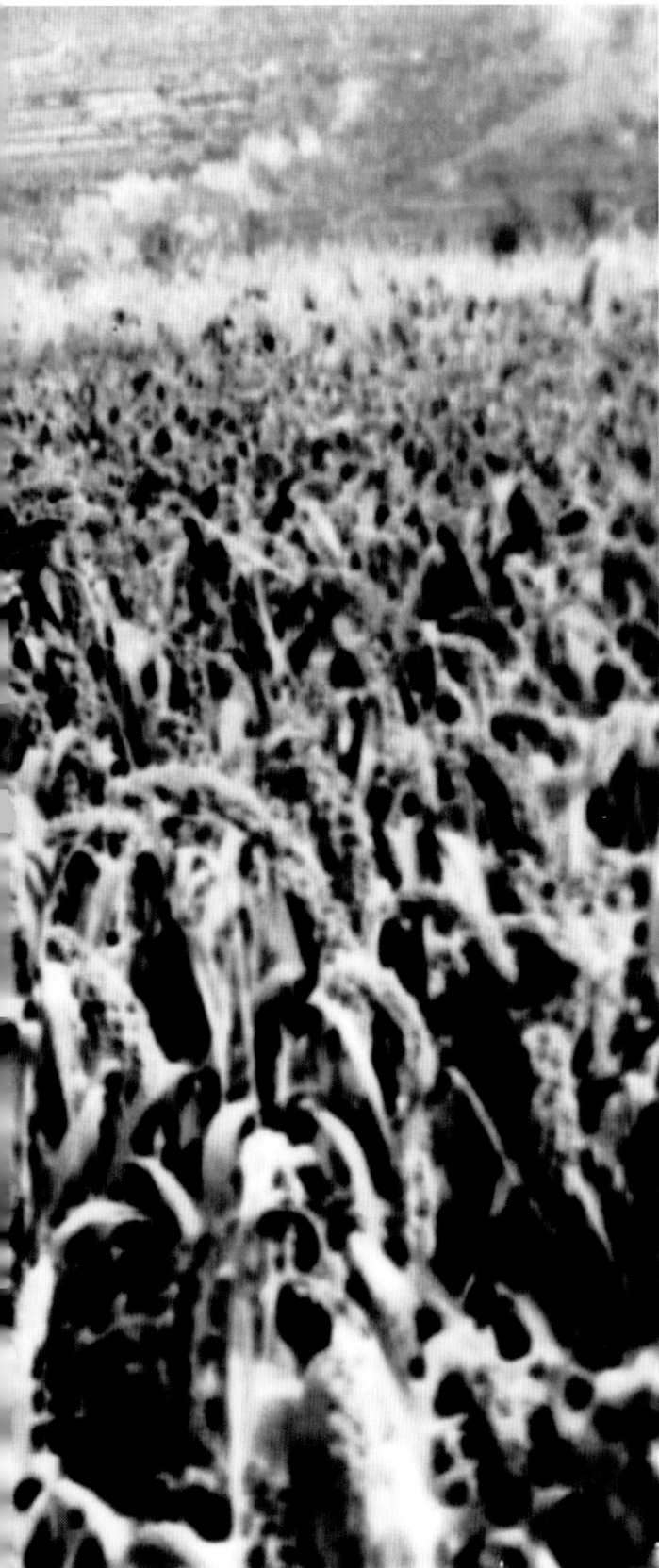

1980年代，壶关县店上果园大丰收（壶关三晋文化研究会供）

1980年代，壶关县在店上镇举办农业技术培训班，全县各局局长参加（壶关三晋文化研究会供）

1980年代中期，壶关县发动群众村村建设果园。图为西川底村男女劳力担水浇树（程喜堂供）

1982年8月，晋东南地区第一期统计干部培训班结业留影（韩孝忠供）

1984年秋，壶关县政府在石坡乡召开山区增收现场会留影（壶关政协文史委收集）

1985年，壶关大力发展养羊业见成效。图为农户的家庭羊场（壶关决咨委供）

1986年，壶关县农业技术人员在研究晋庄谷子高产技术（壶关决咨委供）

1986年10月，时任国家农业部副部长刘江在壶关观摩晋庄谷子丰产田（选自《壶关人物志》）

1990年代初，壶关县人大组织夏粮增收调研（壶关决咨委供）

壶关老照片

1991年8月，壶关县人民政府副县长张平和（左）应邀赴京为国际农用林业培训班授课（壶关三晋文化研究会供）

1990年代初，壶关县召开农机秸秆粉碎还田工程集店现场会（壶关三晋文化研究会供）

1991年12月，壶关县政府领导到地处偏远的梯脑山同群众共商富民之策（壶关决咨委供）

1992年重阳节，壶关县组织到晋庄镇北庄村看望百岁老人（张钟晓供）

1980年代末，壶关县气象观测站（壶关政协文史委收集）

1983年底，长治市政府在壶关县召开土地管理工作现场会。图为壶关县获奖者合影（壶关政协文史委收集）

林 业
LINYE

壶老照片

壶关老照片

1960年代，壶关县晋庄公社组织群众荒山造林（牧雨轩供）

1970年代，壶关县鹅屋公社"五七林场"职工在荒山植树造林（牧雨轩供）

1970年代，壶关的群众挑水上山育苗造林（壶关政协文史委收集）

1970年代，壶关县苗圃全体人员合影（壶关三晋文化研究会供）

1970年代，壶关全县林业观摩会留影（壶关三晋文化研究会供）

1970年代，壶关县农民王五全创造出"一季育苗，三季移栽"的荒山造林绿化技术。获"全国劳模"称号。图为王五全检查松林生长情况（程喜堂供）

1970年代，壶关县在全市率先提出"全民护林防火"口号。图为护林防火下乡宣传（程喜堂供）

1970年代末，壶关县开始了山边建设防护林工程（程喜堂供）

1980年，太行山防护林体系建设工程学术研讨会在壶关召开（程喜堂供）

1980年代，壶关县第一个林业专业户路其昌一家（张平和供）

1977年，壶关县林业局建成了花卉中心（程喜堂供）

1980年代，壶关县林网绿化工程（壶关三晋文化研究会供）

1980年代，壶关县林业局为做好林业发展规划，派员上山调查（壶关县三晋文化研究会供）

1980年代，壶关县林业局森防站工作人员检查木材安全（壶关三晋文化研究会供）

1980年代，壶关县林业局森防站工作人员检查森林病虫害（壶关县三晋文化研究会供）

1980年代，壶关县林业局宣传队（壶关三晋文化研究会供）

1980年代，壶关县林业区划规划队员上山调查（壶关县三晋文化研究会供）

1980年代，壶关县林业区划规划工作在全国有名。图为1984年林业专家学者参观壶关县林业规划沙盘（程喜堂供）

1980年代中期，中德林业育种专家在壶关考察留影（壶关三晋文化研究会供）

1981年，壶关县与长治郊区在老顶山调解处理林权纠纷后留影（壶关三晋文化研究会供）

1982年春，壶关县林业技术人员在赵掌村搞容器育苗技术试验（程喜堂供）

1984年1月，壶关县出席山西省林业表彰会代表留影（张平和供）

1984年，壶关县林业技术人员与王五全一起探讨阳坡绿化技术（壶关三晋文化研究会供）

1984年，壶关县在全省首创绿化目标责任制。图为县、乡两级签订绿化责任状（程喜堂供）

1984年，全国林业区划学术讨论会在壶关召开（程喜堂供）

1987年，全国造林绿化现场会在壶关召开。图为专家学者在壶关大虎岭参观（程喜堂供）

1987年4月，壶关县部分县领导检查荒山造林于店上北山留影（壶关政协文史委收集）

1987年初夏，壶关县部分县、乡领导在王五全阳坡油松移栽经验发祥地盖家川底村五里坡上留影（壶关政协文史委收集）

1988年，壶关县人民政府县长刘德宝（左一）带领群众上山植树（壶关三晋文化研究会供）

1989年9月下旬，山西省林业工作会议在壶关召开。会议期间参与壶关"绿化接力赛"的四任书记、四任县长到麻巷河察看沟坡造林绿化情况（壶关政协文史委收集）

1990年4月7日，壶关县邀请山西省林科院副院长乔俊共同谋划安排乌泉寺荒山绿化（壶关政协文史委收集）

1990年代初，著名林学家、北京林业大学校长沈国舫（中，后任中国工程院院士、副校长）莅壶调研考察时在盖家川底五全坡留影（壶关三晋文化研究会供）

1992年7月，王五全创造的阳坡造林技术受到国家林业部科技委主任董智勇赞赏（壶关决咨委供）

水　利
SHUILI

1969年壶关县天旱无雨，农人们在干涸的田地里劳作（刘建川摄）

1970年代，壶关连续几年大旱，群众排队等水（选自《南关村志》）

1970年代，壶关县农村群众吃水主要靠肩挑（壶关三晋文化研究会供）

1970年代，群众排队等候取水（壶关政协文史委收集）

1973年壶关县又遇大旱，庄稼歉收，群众生活十分困难（刘建川摄）

1970年代壶关县桥上水电站指挥部占用一处民房作职工食堂。图为食堂大门外留影（赵茂发供）

1970年代建成的壶关县桥上水电站机房（赵茂发供）

1971年省运、长运、县联运支援壶关县桥上水电站工程（赵茂发供）

1974年8月10日，壶关县桥上水电站宣传队合影（赵茂发供）

桥上水电站发电机组（壶关政协文史委收集）

二十世纪七、八十年代支撑壶关县城居民用水的水塔（壶关政协文史委收集）

1971年壶关清流瓷厂师徒在一起（长治市政协文史委供））

1982年壶关县清流瓷厂领导在车间检查工作（长治市政协文史委供）

1986年壶关清流瓷厂车间（长治市政协文史委供）

壶关县国营清流瓷厂彩绘贴花车间（壶关政协文史委收集）

壶关县国营清流瓷厂滚压车间（壶关政协文史委收集）

壶关清流瓷厂职工对产品精细加工（长治市政协文史委供）

壶关县清流瓷厂彩绘贴花车间（壶关决咨委供）

壶关县清流瓷厂生产的出口产品（长治市政协文史委供）

壶关县国营清流瓷厂机轮车间（壶关政协文史委收集）

壶关县国营清流瓷厂注浆车间（壶关政协文史委收集）

壶关县清流瓷厂生产车间（长治市政协文史委供）

壶关县国营清流瓷厂15头金钟茶具（壶关决咨委供）

壶关县国营清流瓷厂22头茶具（壶关决咨委供）

壶关县国营清流瓷厂43头餐具（壶关决咨委供）

壶关县国营清流瓷厂70头餐具（壶关决咨委供）

壶关县国营清流瓷厂产品展柜（壶关决咨委供）

壶关县国营清流瓷厂八仙组合盘（壶关决咨委供）

壶关县国营清流瓷厂凤尾酒具（壶关政协文史委收集）

壶关县国营清流瓷厂系列壶具（壶关政协文史委收集）

壶关县清流瓷厂工人在贴花（壶关决咨委供）

壶关县清流瓷厂生产的各种瓷器，远近闻名，这是1983年在晋东南名产名吃展销会上展示的部分产品（长治市政协文史委供）

水泥厂
SHUINICHANG

1965年壶关县创建杜家河水泥厂，1969年更名为红旗水泥厂（红旗水泥厂供）

1979年，壶关县红旗水泥厂产区（长治市政协文史委供）

1980年代，壶关县红旗水泥厂办公楼（红旗水泥厂提供）

1980年代，壶关县红旗水泥厂大门（红旗水泥厂供）

1980年代，壶关县红旗水泥厂生产的矿渣硅酸盐水泥（长治市政协文史委供）

1973年9月，壶关县红旗水泥厂出席全县工业学大庆会议代表留影（红旗水泥厂提供）

1977年6月，壶关县红旗水泥厂先进集体单位合影（红旗水泥厂供）

1985年5月，壶关县红旗水泥厂欢送退休工人留影（红旗水泥厂供）

1981年，壶关县城关镇办水泥厂（长治市政协文史委供）

1970年代，壶关县农机厂宣传队表演《兄妹开荒》（壶关决咨委供）

1973年，壶关县农机厂赴青岛学习人员留影（张钟晓供）

农机厂先进生产者全体合影 77.7.

1977年7月，壶关县农机厂先进生产者合影（壶关决咨委供）

壶关县农机厂生产的6FC--308型多用
粉粹机（壶关决咨委供）

壶关县农机厂生产的308型粉粹机（右）、308型简易粉碎机（中）、铡草机（左）（壶关决咨委供）

壶关县农机厂生产的img707机械（壶关决咨委供）

壶关县农机厂生产的Q3110抛丸清理滚筒
（壶关决咨委供）

二十世纪六七十年代，壶化集团使用牲畜拉石碾制备炸药原料（壶化集团供）

二十世纪六七十年代，壶化集团职工在露天场所手工搅拌炸药原材料（壶化集团供）

1970年代，壶关县化工厂老中青三代大搞技术革新（牧雨轩供）

1990年代初，壶化集团公司职工文化活动（选自《壶关县志》）

常平铁厂
CHANGPINGTIECHANG

1992年壶关县常平铁厂一角（选自《壶关县志》）

壶关县常平工业区发展初期（壶关政协文史委收集）

1984年建成的壶关县型钢厂，在当时是山西省唯一的热轧窗框钢生产企业（选自《壶关县志》）

1991年11月，壶关县型钢厂靠借梯上楼之策扩大生产。这是招聘来的老车工在工作（壶关决咨委供）

1986年壶关型钢厂产品（长治市政协文史委供）

花炮厂 HUAPAOCHANG

1984年12月，壶关县百尺镇流泽村发挥古老艺术办起鞭炮厂，产品达38种，畅销省内外（壶关决咨委供）

1980年代，壶关县流泽花炮厂生产的各种花炮（长治市政协文史委供）

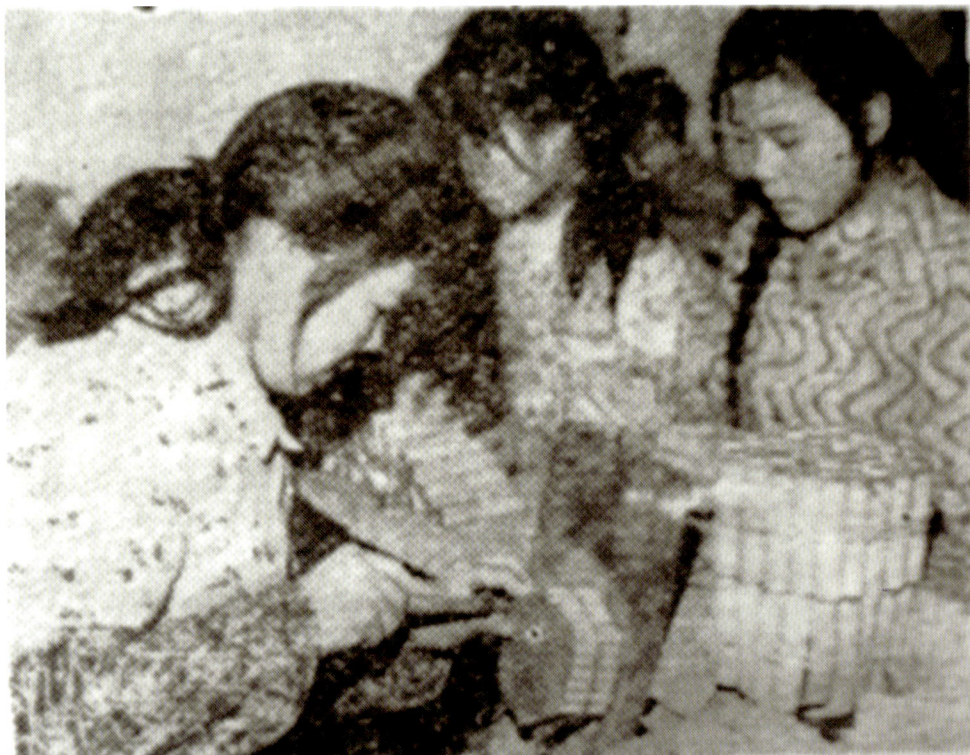

1987年壶关县流泽鞭炮厂工人在搓炮捻（壶关决咨委供）

1980年代，壶关县辛寨醋厂（辛世芳供）

1980年代，壶关县辛寨醋厂生产车间（辛世芳供）

1983年辛寨陈醋厂（长治市政协文史委供）

工程队
GONGCHENGDUI

1980年代初，壶关县工程队大院（郭安虎供）

1980年代中期，壶关县工程队建成化工厂宿舍楼后召开验收会议（郭安虎供）

1992年，壶关县在树掌镇马家庄村建成35千伏变电站（壶关三晋文化研究会供）

1960年代以前，壶关县采用小型柴油发电机发电（牧雨轩供）

1986年6月，壶关县轧板厂靠质量使得钢锹产品销往国外（壶关决咨委供）

1990年代初，壶关县格林维达饮料生产车间（选自《壶关县志》）

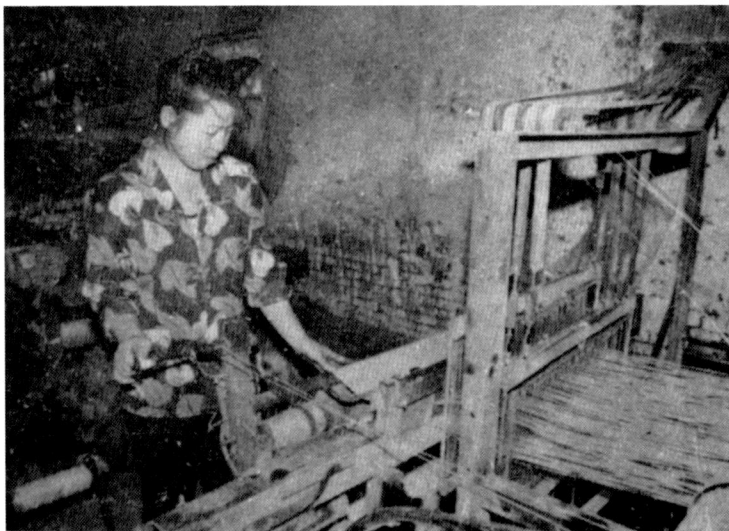

1992年12月壶关41个局级机关创办起经济实体。图为水利局编织厂工作人员在操作（壶关决咨委供）

1993年壶关推行股份制，促进乡企大发展。图为常平塑料编织厂职工在工作（壶关决咨委供）

1993年7月壶关县纪委为企业送去"不准白吃白拿"的护身符（壶关决咨委供）

交 通
JIAOTONG

壶关老照片

1955年，壶关县人委动员民工对壶关到陵川的小路加宽改造成公路。这是沿线群众送菜到壶陵公路建设工地（牧雨轩供）

1970年代，壶关老区群众凿石修路（壶关政协文史委收集）

1980年代，群众为修路准备石子原材料（壶关政协文史委收集）

1980年代，壶关县浩浩荡荡的修路大军（壶关政协文史委收集）

1990年代初，

1991年8月，工人运送料石到荫林公路（壶关政协文史委收集）

1991年8月，工人为修建荫林公路凿制料石（壶关决咨委供）

1991年8月，县领导检查荫林公路工程进展情况（壶关决咨委供）

1992年4月，山西省交通工作会议组织与会人员参观荫林公路
（壶关决咨委供）

1992年4月，荫林公路盘底大桥桥拱合拢现场（壶关决咨委供）

1992年4月，荫林公路盘底大桥合拢后的桥拱（壶关决咨委供）

1992年6月，正在施工的荫林
公路下石坡大桥（壶关决咨委供）

1992年7月长治市委书记光敏
（右四）、市长曹忠厚（右三）在
壶关视察荫林公路建设（壶关决咨
委供）

初具雏形的荫林公路峡谷跨谷
大桥（壶关决咨委供）

城 建

CHENGJIAN

1957年，壶关县政府办公楼（韩孝忠供）

1957年，壶关县政府大门（韩孝忠供）

1957年，壶关县政府大门外（韩孝忠供）

1957年，壶关县政府后院（韩孝忠供）

1980年代，壶关县人民政府大门（选自《壶关县志》）

1980年代，壶关县委大门（选自《壶关县志》）

1969年，壶关县在大礼堂前建成的毛泽东主席塑像（壶关政协文史委收集）

1970年代，壶关县人民大礼堂外景（壶关政协文史委收集）

1990年代初，壶关县城北溢洪道改建为溢银市场（选自《壶关县志》）

1986年建成的壶关县日月桥市场（选自《壶关县志》）

1977年建成的壶关县人大和工会大楼（牧雨轩供）

1971年，壶关县搞战备展览时全体工作人员在县文化馆留影（韩孝忠供）

1979年建成的壶关县工商局办公楼（牧雨轩供）

1980年代，壶关县农业局办公楼（韩孝忠供）

1980年代，壶关县烟草局（韩孝忠供）

1985年建成的壶关县城关镇南关村委大院（选自《南关村志》）

1988年建成的壶关县公安局办公大楼（选自《壶关县志》）

1990年代初，壶关县工商银行办公楼（选自《壶关县志》）

1990年代初，壶关县建设银行办公楼（选自《壶关县志》）

1990年代初，壶关县农业银行办公大楼（选自《壶关县志》）

1990年代初，壶关县人民银行办公大楼（选自《壶关县志》）

1990年代初，壶关县邮电局大楼（选自《壶关县志》）

商　贸
SHANGMAO

1958年11月，壶关、平顺合县前粮食局全体人员留影
（选自《壶关粮食志》）

1961年7月1日，壶关县粮食系统全体财会人员合影
（选自《壶关粮食志》）

1991年10月，壶关县城关粮站深入五龙山乡上门为老干部供应粮油（壶关决咨委供）

20世纪六、七十年代，壶关县常行供销社主任郭玉坤为老百姓上门送货（牧雨轩供）

1960年代末，壶关群众办的
"五好食堂"（牧雨轩供）

1960年代，解放牌汽车行驶在壶关的
道路上（壶关决咨委供）

1980年代的壶关县城人民商场

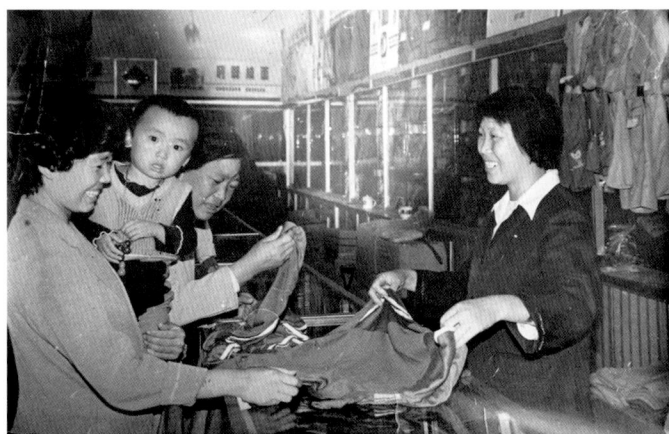

1980年代，壶关县百货公司职工在售衣服（王瑛供）

1980年代的壶关县城日月桥市场一角（王瑛供）

1980年代初的壶关县城大众旅馆（选自《南关村志》）

1980年代的壶关县城南关蔬菜市场一角（壶关政协文史委收集）

1985年度壶关县个协城关分会被评为长治市"先进集体"（马有忠供）

教育
JIAOYU

壶关老照片

教育综合
JIAOYUZONGHE

1949年，壶关、平顺、陵川三县在壶关县辛村成立联立师范。图为1950年6月18日联立辛师党支部公开典礼留影（长治市政协文史委供）

1973年5月30日，晋东南地区教育战线表彰大会留影（壶关政协文史委收集）

1978年2月，出席晋东南地区教育"双学"代表大会壶关代表团合影（壶关政协文史委收集）

1979年11月，壶关县教育局人员合影（壶关政协文史委收集）

1979年，壶关县教育局电教队同志深入山区进行电影教学（选自《壶关县教育志》）

1984年，壶关县达到基本无盲县标准（选自《壶关县教育志》）

1984年4月30日，壶关县小学教师培训班结业留影（胡建斌供）

1985年建成的壶关县教育局办公大楼（选自《壶关县教育志》）

1988年初秋，壶关县委、县政府组织县、乡部分领导干部赴东井岭
观摩乡办中学建筑工地现场留影（壶关政协文史委收集）

壶关一中
HUGUANYIZHONG

上世纪七十年代前的壶关一中校门（刘建川摄）

1984年壶关一中校门（壶关一中供）

1983年，壶关一中建成的二层教学楼（选自《壶关县教育志》）

1967年壶关一中校门（壶关一中供）

壶中参加专运田径体操代表队合影 1955.5.18.

1955年，壶关中学参加专运会田径体操代表队合影（王瑛供）

1950年代，壶关一中领导为师生做全面贯彻党的教育方针动员报告（壶关一中供）

1958年壶关一中党支部书记杨纪瑞为班主任颁发"大闹钢铁"红旗（壶关一中供）

1958年9月，壶关一中全体教职员合影（壶关一中供）

壶关共一中第十四、十五班全体同学毕业留念 一九五九年七月

壶关一中文一年高中毕业班全体团员合影

1962年壶关一中高三班毕业合影
（壶关一中供）

壶关一中高四、五班全体同学毕业合形 63.7.8.

1968年，壶关一中48班毕业照（壶关决咨委供）

1968年壶关一中高八班（66届）毕业离校前留念（壶关一中供）

1970年壶关一中红旗技校专科班毕业留影（壶关一中供）

1971年，壶关一中毛泽东思想宣传队合影（壶关一中供）

1980年，壶关一中参加晋东南地区中学生运动会田径代表队获风格奖（壶关一中供）

1980年代初壶关一中高一学生在实验室做化学实验（选自《壶关县教育志》）

1981年壶关一中校运会入场式（壶关一中供）

1981年5月，壶关一中高67班毕业留影（壶关一中供）

1981年7月，壶关一中81届文史一班毕业留影（壶关一中供）

1990年壶关一中高中102班毕业师生合影（壶关一中供）

1992壶关一中四十周年校庆大会会场（壶关一中供）

壶关一中高88班毕业留念 87.5.

壶关一中初73班毕业留念 89.6

1993年，壶关一中整顿校风校纪大会会场（壶关一中供）

参加壶关一中四十周年校庆校友在教学楼前合影留念（壶关一中供）

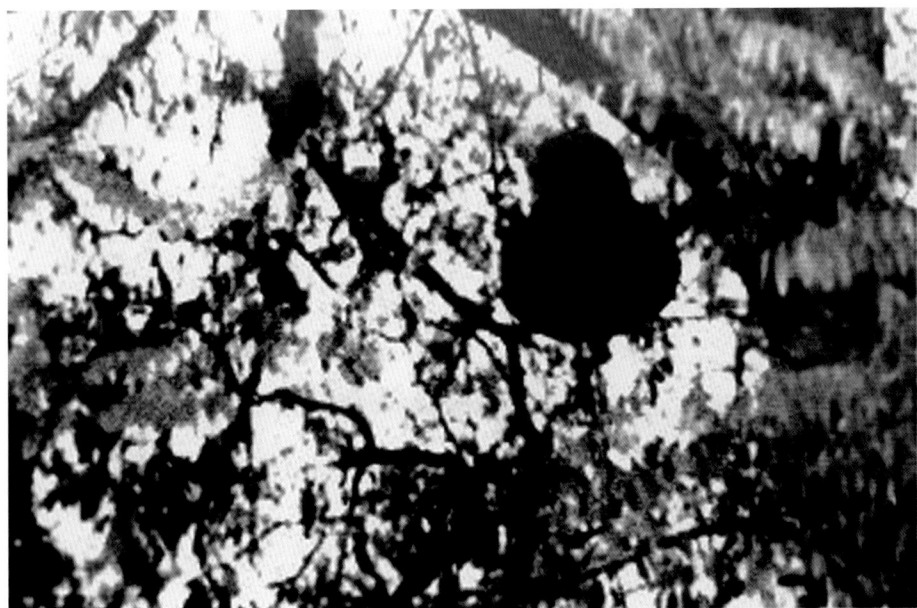

见证壶关一中历史的老槐树，号令全校作息的铜钟（壶关一中供）

壶关一中举办校运会（壶关一中供）

1982年，壶关县进修校第三期幼儿教师培训班合影（胡建斌供）

1985年9月10日第一个教师节当日，壶关县进修校教职工合影（胡建斌供）

1985年"七一"，壶关县进修校党员合影（胡建斌供）

店上中学
DIANSHANGZHONGXUE

1961年6月15日壶关县店上中学学生会干部合影(郭安虎提供)

1970年，壶关县店上高中宣传队合影（胡建斌供）

1974年12月5日壶关县店上高中毕业生合影（胡建斌供）

1975年，壶关县店上中学毕业班学生合影（胡建斌供）

1980年，壶关县店上中学全体教职工合影（胡建斌供）

1977年1月，壶关县店上高中学生干部合影（胡建斌供）

1977年1月，壶关县店上中学高中十八班学生毕业合影（胡建斌供）

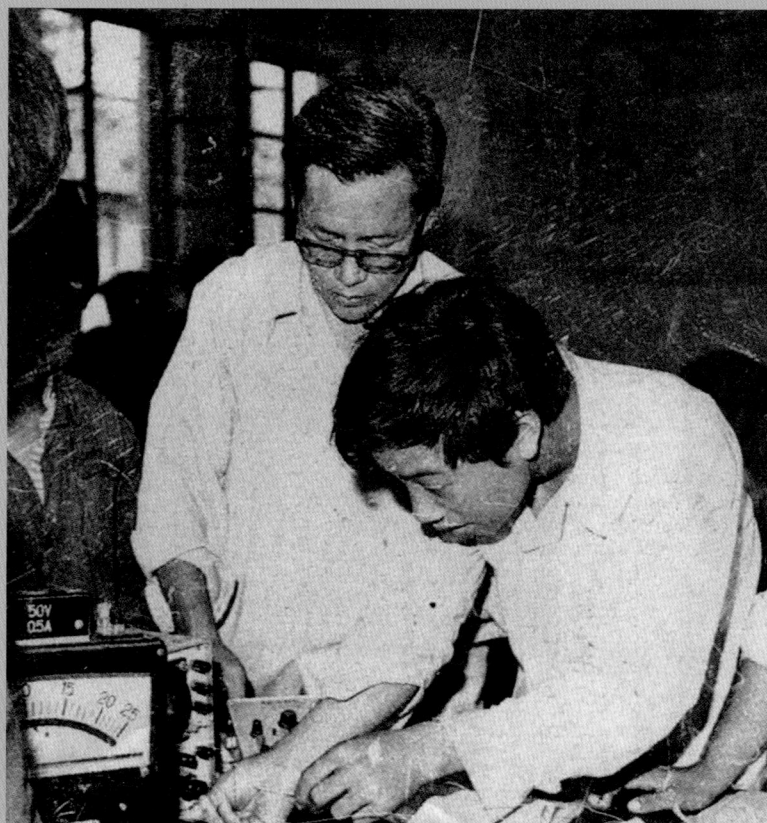

1980年代壶关县店上中学师生在搞物理实验（选自《壶关县教育志》）

职业中学

ZHIYEZHONGXUE

1980年代初壶关县职业中学医药
门诊部（选自《壶关县教育志》）

1987年9月，壶关县职业中学乡医培训班开学典礼大会（王志
明供）

1980年代末壶关县职业中学聘请专家进校授课（马有忠供）

1984年县职业中学组织学生上山搞林业区划规划（选自《壶关县教育志》）

1988年4月长治市政协副主席李森庭（右二）调研壶关职业教育（壶关县政协办供）

1989年长治市人民政府副市长戴海水为壶关县职业中学题词"职教明星"

1977年，壶关县东方红学校（现实验小学）学生在壶关县光荣院劳动（张泉水供）

1979年，壶关县东方红学校（现实验小学）开展的"文明礼貌月活动"（张泉水供）

1980年代初，壶关县东方红
小学在平房里教学（张泉水供）

1980年代初壶关县实验小学
武术队在校院内训练（选自《壶
关县教育志》）

1980年代初，壶关县实验小学对学生进行校史教育（张泉水供）

1980年代壶关县实验小学学生到县光荣院接受革命传统教育（张泉水供）

1986年，壶关县实验小学学生阅读老山前线战士来信
（张泉水供）

1986年，老山前线战士写给壶关县实验小学学生的书信（张泉水供）

壶关县实验小学新生接受校本历史教育（张泉水供）

1980年代，壶关县实验小学教师在校办工厂做工（张泉水供）

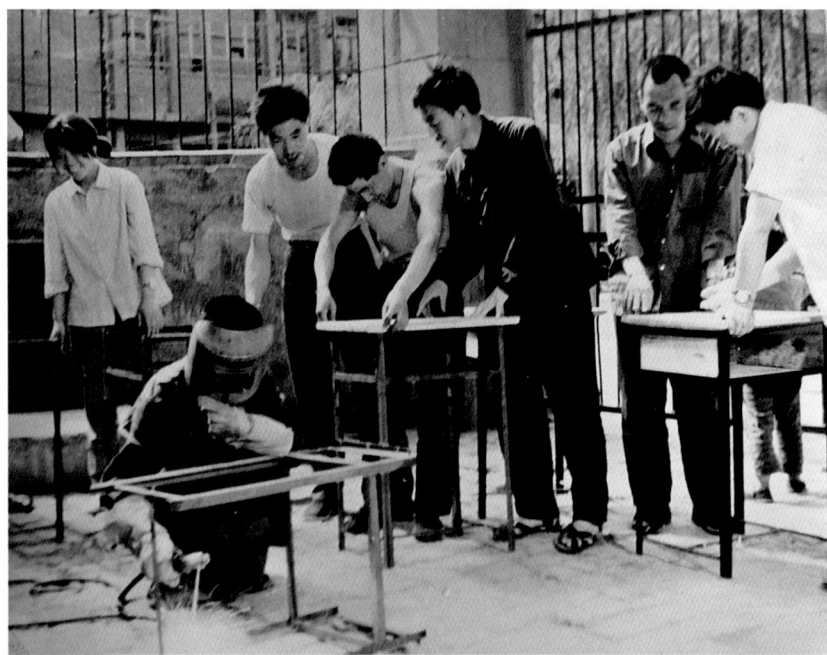

1980年代初，壶关县实验小学教师在校办工厂自制桌凳（张泉水供）

1980年代壶关县实验小学升旗仪式（壶关政协文史委收集）

1985年9月，壶关县实验小学少先队员入队仪式（张泉水供）

其它
QITA

1948年，壶关县第三高小四班学生毕业合影（宋跃芳供）

1985年第

1956年，壶关县神南小学全体少先队员合影（宋跃芳供）

1959年，壶关县树掌完小全体教师合影（宋跃芳供）

1963年，壶关县城关联合学区出席县文教先进工作者代表大会合影（宋跃芳供）

无益身心事莫为

有关名教书宜读

1964年，壶关县晋庄中学九班女生毕业合影（胡建斌供）

1970年代，被誉为"高山园丁"的全国劳动模范、壶关县黑山背学校教师杨太忠徒步在巡回教学路上（选自《壶关县教育志》）

1970年代初，壶关县树掌镇大会村小学课外兴趣小组在活动（张志中供）

1970年代，壶关县教学能手王兴龙（张泉水供）

1980年代，壶关县职工幼儿园小朋友活动组照（选自《壶关县教育志》）

1980年代初，壶关县实验中学教研组在研究教学计划（选自《壶关县教育志》）

1980年代壶关县石坡乡黄花水村农民学校及室内一角（选自《壶关县教育志》）

1980年代中期建成的壶关县新建路小学教职工家属区（选自《壶关县教育志》）

1986年5月，壶关县固村中学"三加一"班学生在果园实习果树管理技术（程喜堂供）

1990年代初壶关县晋庄镇北庄学校（选自《壶关县志》）

文化
WENHUA

文化综合

1958年，壶关县首次文艺骨干训练合影（长治市政协文史委供）

1959年壶平两县合并后，农民剧团、红飞剧团、红跃剧团、人民剧团演员在晋东南地区会演时合影（壶关决咨委供）

1960年7月，壶关剧团赴省巡回演出支委干部合影（壶关决咨委供）

1965年，壶关县文化局创作人员参加山西省文艺创作会议时合影（壶关决咨委供）

1970年代，长治市文化局领导与壶关秧歌剧团全体演员合影（壶关决咨委供）

1975年，壶关县出席晋东南地区业余文艺汇演人员合影（壶关决咨委供）

1980年代，壶关县歌咏比赛在县城灯光球场举行。图为授奖仪式（壶关政协文史委收集）

1975年，壶关县文化局、文化馆
全体人员合影（壶关决咨委供）

1985年，壶关县文化部门全体人员纪念
壶关解放40周年留影（壶关决咨委供）

1977年，壶关县秧歌剧团乐团在晋东南地区汇演（刘建川摄）

1980年代，壶关县磨掌村竹马参加晋东南地区文艺调演
（张钟晓供）

1984年，壶关秧歌团在河南郑州演出时与常香玉和河南省领导合影（壶关决咨委供）

1985年元宵节，壶关县盘驼底干板秧歌演出留念（任月庆供）

1990年，山西省副省长张维庆与壶关县赴京参加亚运会煤海之光灯展吹奏团合影（壶关决咨委供）

街头宣传

JIETOUXUANCHUAN

1972年，壶关县秧歌剧团在壶关县城街头宣传（刘建川摄）

1980年代，壶关县八音会表演（常爱民供）

1980年代，壶关县城"元宵节"街头庆祝活动（长治市政协文史委供）

1980年代，壶关县城"元宵节"街头庆祝活动（长治市政协文史委供）

1980年代，壶关县群众在体育大操场欢度元宵节（壶关政协文史委收集）

1980年代，壶关县元宵节庆祝活动，图为扛妆表演（选自《壶关县志》）

壶关县传统狮子舞表演（选自《壶关县志》）

名人在壹关
MINGRENZAIHUGUAN

1984年，著名作家马烽、孙谦在中共壹关县委副书记李正印陪同下重访紫团村。图为听取紫团村赵郭喜老人讲述"天下都城隍"故事（壹关决咨委供）

图为马烽、孙谦与紫团村党参专业户探讨党参种植技术（壹关决咨委供）

图为马烽给当年下乡结识的紫团村的老伙计赵郭喜点烟（壹关决咨委供）

1983年10月20日，山西省人民政府副省长张维庆（中，曾任壶关县委书记）在壶关县人民大礼堂观看秧歌《连理狱》后，与壶关秧歌剧团演职人员座谈，并作长篇讲话。

壶关秧歌团青年演员与解放军总参政治部副主任田维新(中)合影 (壶关决咨委供)

1988年春，壶关县树掌籍台胞、国画名师李友芝回乡，壶关县委、县政府领导热情接待，并于县招待所大院合影留念

送戏下乡
SONGXIXIAXIANG

1970年代初，壶关县落子剧团在下乡演出期间召开的批斗会（长治市政协文史委供）

1960年代，壶关文化宣传队进农家演出
（壶关决咨委供）

1978年，壶关县人民剧团下乡演出时与老农聊天
（壶关决咨委供）

1976年，壶关县文化工作者送戏下乡（长治市政协文史委供）

1978年，壶关县人民剧团在村头演出（壶关决咨委供）

1978年，壶关县人民剧团演员行走在去往桥上乡的路上（壶关决咨委供）

1978年，壶关县文化工作者送戏下乡（长治市政协文史委供）

1980年代，壶关县人民剧团送戏下乡（选自《壶关县志》）

1990年代，壶关县山村曲艺队表演节目（选自《壶关县志》）

1970年代，壶关县秧歌剧团经常组织下乡演出，被群众称为"庄户剧团"。图为剧团演员下乡途中（壶关决咨委供）

壶关庄户剧团行进在前往乡村演出的路上（壶关决咨委供）

在饭场演出样板戏《智取威虎山》（壶关政协文史委收集）

壶关秧歌《打酸枣》剧照（壶关决咨委供）

壶关秧歌《侍女登科》剧照（贾金花供）

壶关秧歌《雇驴》剧照（壶关决咨委供）

壶关秧歌《侍女登科》剧照（壶关决咨委供）

壶关秧歌《打酸枣》剧照（贾金花供）

壶关秧歌剧照（壶关决咨委供）

毛泽东思想宣传队

MAOZEDONGSIXIANGXUANCHUANDUI

1968年，壶关县毛泽东思想宣传队全体合影（刘建川供）

学习宣传毛泽东思想（牧雨轩供）

壶关县邮电局活学活用毛泽东主席著作讲用会
（牧雨轩供）

学习宣传毛泽东思想（牧雨轩供）

学习宣传毛泽东思想（牧雨轩供）

学习宣传毛泽东思想（牧雨轩供）

学习宣传毛泽东思想（牧雨轩供）

学习宣传毛泽东思想（牧雨轩供）

其它
QITA

1964年壶关县常行村的舞台（长治市政协文史委供）

1968年，壶关县人民群众庆祝壶关县革命委员会成立一周年集会（牧雨轩供）

1970年代，青年学生接受忆苦思甜教育（牧雨轩供）

1974年表演话剧《风华正茂》小演员合影（刘建川摄）

1980年3月，由壶关县个体户创办的工艺美术部（马有忠供）

1980年代中后期，壶关大中华工艺美术服务部知青在糊纸花（马有忠供）

1983年，在工艺美术部基础上办起了手工冲洗彩色摄影学校（马有忠供）

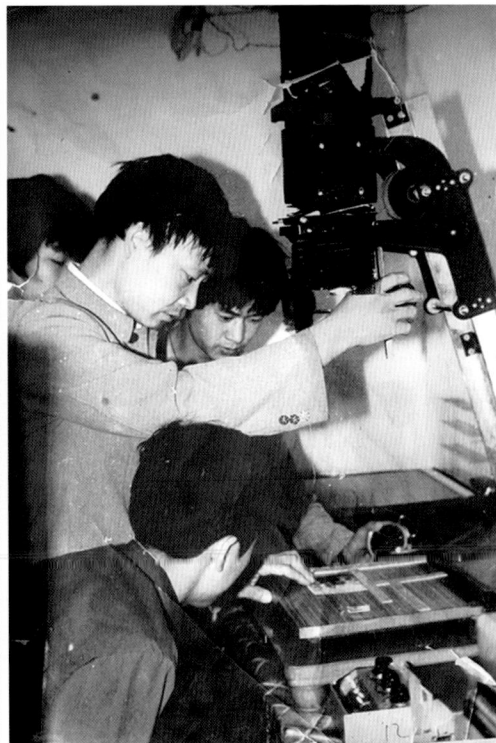

1984年，工艺美术部摄影学校在培训学员（壶关政协文史委收集）

1985年5月在壶关县城创办的大中华工艺美术服务部（马有忠供）

1970年代，壶关县树掌镇大会村村民
在编席子（张志中供）

1970年代，壶关县树掌镇大会村村民在村办
阅览室快乐阅读（张志中供）

1980年代初的壶关县图书阅览室（壶关县文化馆供）

1980年代末壶关县民间石雕工艺（选自
《壶关县志》）

1990年代初李掌村施行移风易俗，正在
举行集体婚礼（壶关决咨委供）

1991年7月在壶关县下好牢村发现的宋代墓葬（桑世辉供）

1991年壶关县政府组织到下好牢村宋代墓葬现场考察（壶关三晋文化研究会供）

1992年3月，壶关县南园村农民闫郁冰用楷、草、隶三体书写《聊斋》（壶关决咨委供）

1992年，壶关县集店乡李掌村集体婚礼（选自《壶关县志》）

卫　生
WEISHENG

画老片

1948年，壶关县胜利医院全体人员合影（牧雨轩供）

1955年，壶关县第二联合诊所全体合影（马有忠供）

1960年代，壶关县固村医院留影（壶关政协文史委收集）

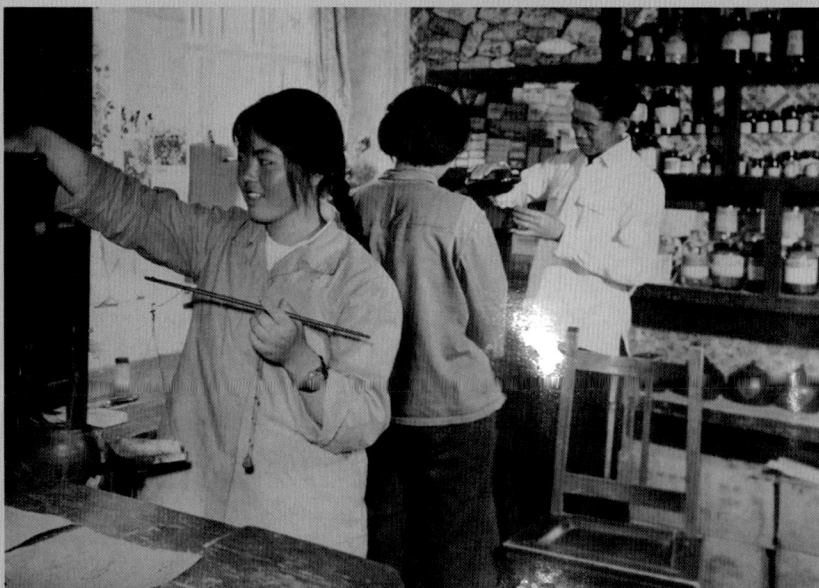

1970年代，壶关县树掌镇大会村村办卫生室抓药（张志中供）

1968年，壶关县人民医院毛主席塑像落成留影（壶关县决咨委供）

1976年，壶关县人民医院
大门（壶关县决咨委供）

石坡卫生院欢送平和宅同志

荣调留念 81年4月8号

1980年代壶关县石坡卫生院留影（壶关政协文史委收集）

1981年壶关县树掌医院留影（壶关政协文史委收集）

1984年的壶关县辛村卫生院（长治市政协文史委供）

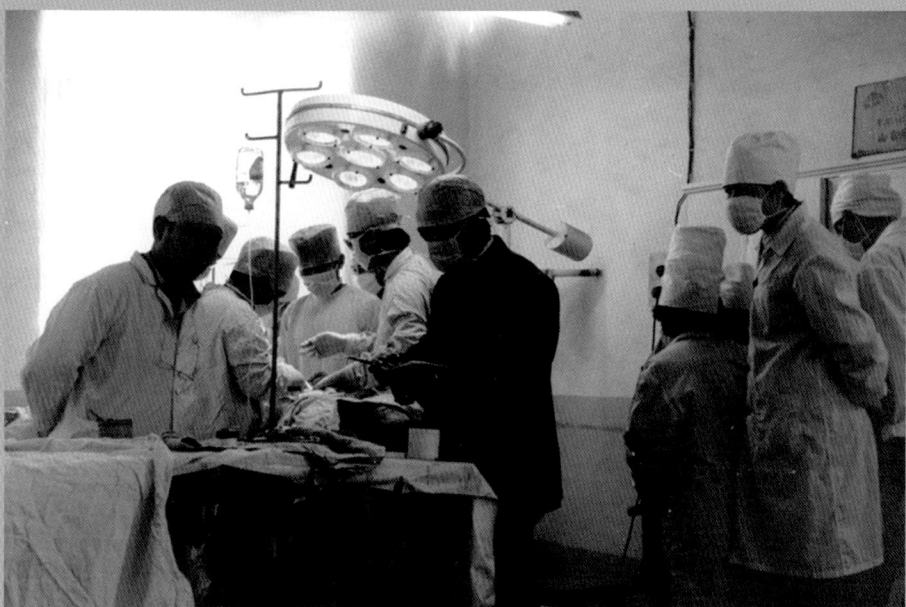

1984年，壶关县辛村卫生院全体同志和长治市人民医院医疗队合影（长治市政协文史委供）

1962年元宵节，壶关县委、县政府部分领导与石南底武术团全体队员合影（石南底村供）

1972年，壶关县公交系统男女篮球代表队集训留影（赵茂发供）

1975年，桥上电站篮球代表队参加市县系统友谊赛后留影（赵茂发供）

1979年6月，参加晋东南地区武技运动会的壶关代表队留影（杨志菊供）

1980年代，壶关县小武术队在体育场集训（杨志菊供）

壶关县武术队赴地区比赛获奖留彬 1984.8.15.

1984年8月，壶关县武术队赴地区比赛获奖留念（杨志菊供）

1978年，壶关县粮食局篮球队全体队员合影
（选自《壶关粮食志》）

1990年代初，壶关县小武术队合影（杨志菊供）

民兵
MINBING

藝老照片

1964年，壶关县常行村民兵在做徒手体操（长治市政协文史委供）

1970年代，壶关县城关镇南关村武装基干民兵合影（选自《南关村志》）

1970年代，青年民兵接受忆苦思甜教育（牧雨轩供）

1970年代壶关县常行民兵连开展创"四个第一""五好民兵"动员大会（牧雨轩供）

1970年代壶关县常行女民兵连（牧雨轩供）

1970年代男青年以穿一身军装为荣（牧雨轩供）

备战备荒从娃娃抓起（牧雨轩供）

1971年壶关县五里沟女民兵（韩孝忠提供）

1973年冬，壶关县委领导欢送新兵入伍留影（郭桂林供）

1973年冬，欢送新兵入伍留影(郭桂林供)

民兵训练（牧雨轩供）

提高警惕保卫
祖国（牧雨轩供）

一人立功全村光荣
（壶关政协文史委收集）

会 议
HUIYI

1987年6月，政协壶关县第二届委员会第一次会议全体委员合影（壶关县政协办供）

1990年6月26日，壶关县第十届人民代表大会第一次会议合影（壶关三晋文化研究会供）

1990年6月，政协壶关县第三届委员会第一次会议合影（壶关政协办供）

政 协
ZHENGXIE

20世纪80年代，全省政协写作人才培训班开学留影（杨志良供）

1980年代中期壶关县政协机关人员在秦庄村参加义务翻地劳动（常爱民供）

1984年，壶关县首届政协机关人员合影（杨志良供）

1984年，壶关县政府县长阎好勇（中）与县政协首届委员会主席李小保（右二）和各位副主席合影（壶关政协办供）

1985年，壶关县政协机关人员在紫团洞考察留影

1985年，壶关县政协经济界小组会议（壶关政协办供）

1986年，县政协部分常委研究工作（壶关政协办供）

1986年，壶关县政协调研秋收情况

1987年，壶关县二届政协常委合影（常爱民供）

1987年，壶关县二届政协常委视察紫团洞留影（常爱民供）

壶关县抗日民主政府县长
侯国英（左一）

1985年，建国初期曾任壶关
县委书记范贵锁（前中）重回故
地留影（壶关决咨委供）

1988年，抗战时期曾任壶关
县委书记戴苏理（左三）重访壶
关留影

1977年，数学家华罗庚（左一）在壶关县人民大礼堂作推广优选法报告（刘建川摄）

1989年，建国前曾在壶关县任县委组织部部长侯中南重回故地留影（壶关决咨委供）

壶闭县欢送南征幹部全体摄影留念

三八年·元月·一日·

1949年（民国三十八年）元月1日，壶关县欢送全体南下干部留念（壶关政协办供）

1948年10月，壶关县武委会县区干部合影（壶关政协文史委收集）

1949年（民国三十八年）1月，壶关县公安局欢送南下干部留影（杨东轩供）

1972年冬，壶关县委通讯组部分同志合影（壶关政协文史委收集）

1978年10月，壶关县委调查组赴东井岭公社总结转变干部作风的典型材料，于东井岭公社机关门前留影（壶关政协文史委收集）

1979年春，壶关县委、县政府领导于县委机关大院留影（壶关政协文史委收集）

1980年初春，壶关县委办公室同事在县委机关门前留影（壶关政协文史委收集）

1981年10月，大包干时期的壶关县县、社主要领导们于壶关县委机关大院合影（壶关政协文史委收集）

欢送阎县长 85.3.21

1985年3月，壶关县委及县委办部分人员合影（壶关政协文史委收集）

1989年，壶关县委办人员合影（壶关政协文史委收集）

1952年7个月的儿童照（韩孝忠供）

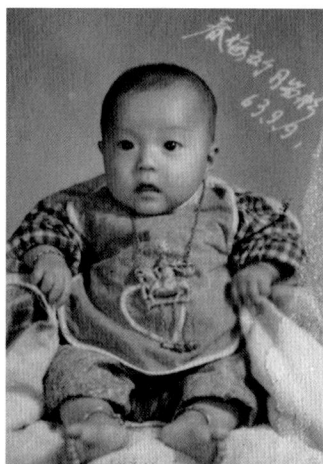

1960年代初儿童照（韩孝忠供）

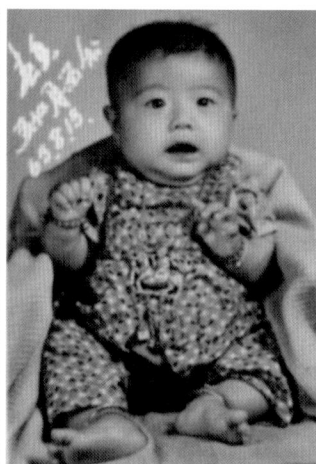

1960年代儿童照（韩孝忠供）

1970年代儿童生日照（王贵祥供）

1960年代初一家兄妹6人合影（韩孝忠供）

1985年春一家姐弟6人合照（壶关政协文史委收集）

1970年代知青合影（马有忠供）

1970年代初的女知青（韩孝忠供）

1980年代女知青合照（马有忠供）

1951年，壶关人民举行反美示威游行（韩孝忠供）

1958年2月12日，壶关县人民法院刑事公判厅公审大会（牧雨轩供）